WEGE in eine

GEMEINWOHL

GESELLSCHAFT

Substantielle Reformen für
Freiheit Gleichheit Brüderlichkeit

EICHBAUM

Impressum:

© 2024 Matthias J. Augsburg, Alexander Droste
Herausgeber: Eichbaum GmbH

Umschlaggestaltung: Matthias J. Augsburg
Foto: iStock-1366732305 Original Lizenz
Lektorat: Ulrike Stein www.lektorat-tiefsinn.de/www.heilung-in-der-neuen-zeit.de
Buchsatz: Angelika Fleckenstein; Spotsrock
Verlag: Eichbaum GmbH

ISBN:
978-3-3842-8406-8 (Softcover)
978-3-3842-8407-5 (Hardcover)

Druck und Distribution im Auftrag des Autors:
tredition GmbH, Heinz-Beusen-Stieg 5, 22926 Ahrensburg, Deutschland

Das Werk, einschließlich seiner Teile, ist urheberrechtlich geschützt. Für die
Inhalte ist der Autor verantwortlich. Jede Verwertung ist ohne deren Zustimmung
unzulässig. Die Publikation und Verbreitung erfolgen im Auftrag des Autors, zu
erreichen unter:

tredition GmbH
Abteilung „Impressumservice"
Heinz-Beusen-Stieg 5
22926 Ahrensburg
Deutschland

Bibliografische Informationen der Deutschen Nationalbibliothek:
Die Deutsche Nationalbibliothek verzeichnet diese Publikation in der Deutschen
Nationalbibliografie; detaillierte bibliografische Daten
sind im Internet über http://dnb.b.-nb-de abrufbar.

WEGE

in eine

GEMEINWOHL

GESELLSCHAFT

Substantielle

Reformen für

Freiheit

Gleichheit

Brüderlichkeit

Matthias J. Augsburg

Alexander Droste

Über die Autoren:

Matthias J. Augsburg wurde 1964 in Berlin-Wilmersdorf geboren. Aufgewachsen ist er in der Ruhrgebietsstadt Schwerte im Westen Deutschlands.
Seit rund 40 Jahren erforscht und beschreitet er Wege der Heilung. Der Schwerpunkt liegt dabei auf der Krebserkrankung sowohl im Organismus des Menschen als auch im Organismus (s)einer Gesellschaft.

www.matthias-augsburg.de

Alexander Droste, geboren 1966 und aufgewachsen in Düsseldorf, ist Gärtner, studierter Landschaftsarchitekt, Biologe, Waldorf- und Montessori-Pädagoge sowie Kenner der Anthroposophie und der Sozialen Dreigliederung. Mit diesem Hintergrund ist er an der umfassenden Wahrnehmung des Lebendigen interessiert: in der Natur mit ihren Tieren und Pflanzen, beim Körper-Seele-Geist-Wesen des Menschen und im gesellschaftlichen Miteinander ihres sozialen Organismus.

„Bekennt sich eine genügend große Anzahl von Menschen zum Verständnis einer solchen Sache, dann ergeben sich die Wege. Denn die Idee von der Dreigliederung des sozialen Organismus ist nicht nur ein Ziel, sondern sie ist eben selbst ein Weg." [1]

Rudolf Steiner

Dank

Unser ganz herzlicher Dank geht an Dr. Rudolf Steiner dafür, dass er die Dreigliederung des gesellschaftlichen Organismus entdeckt und uns bewusst gemacht hat. Auch danken wir allen Menschen, die an ihrer weiteren Ausformulierung und an ihrem Verständnis mitgewirkt haben und mitwirken.

INHALT

Einleitung 13

Neuanfang 13

Prozess 13

Entwicklungspotential 14

Sozialer Organismus 14

Dreigliederung 15

Entwicklung 15

Gesunder Organismus 15

Selbstorganisation 16

Vernetztes Denken 17

Verbundenheit 17

„Und jedem Anfang wohnt ein Zauber inne" 18

Schritt für Schritt in die gesunde Gesellschaft 19

    I.   Vision 19

    II.   Strategie 19

    III. Taktik 20

    IV. Operatives 20

**Teil 1: Die Soziale Dreigliederung –
eine Gesellschaftsvision** 22

Soziale Dreigliederung ganz praktisch:
Schritt für Schritt verstanden 22

Verbesserte soziale Ordnung 24

Gemeinsam dreigegliedert 25

Geistesleben 27

Rechtsleben 27

Wirtschaftsleben 28

Wege zu einer gesunden Wirtschaft in Brüderlichkeit 28

Demokratie 30

Substantielle Reformen Freiheit Gleichheit Brüderlichkeit –
Einigkeit und Recht und Freiheit 31

Geistesleben (Freiheit) 31

  I. Bildung 31

  II. Gesundheit 32

  III. Religion 32

  IV. Forschung und Entwicklung 32

  V. Patente 32

  VI. Kunst und Kultur 33

  VII. Medien 33

  VIII. Rechtsprechung 33

  IX. Parteien 34

  X. Arbeit 34

  XI. Grund und Boden 34

  XII. Kapital 35

  XIII. Unternehmen 36

Rechtsleben (Gleichheit/Recht) 36

  I. Rechtsgleichheit 37

  II. Gesetzgebung 37

  III. Sicherheitengebung 38

  IV. Landesverteidigung 39

V.   Verwaltung   39

VI. Steuern   39

Wirtschaftsleben (Brüderlichkeit/Einigkeit)   39

I.   Freier Markt   39

II.   Geld   40

Teil 2: Wege in eine GEMEINWOHL GESELLSCHAFT   **41**

Netzwerke   41

Technische Entsprechung   41

Liebe dich selbst, dann können die anderen dich gernhaben   42

Neugeburt   43

Geduld   43

Soziale Fähigkeiten   43

Inklusives Denken   44

Führung in Verantwortungsgemeinschaften   44

Arbeitsgruppen   45

Gruppenbildung   46

Lebensstufen von Menschen und von Gemeinschaften   47

Beständiger Wandel   49

Council – wertschätzende Kommunikation und
Ausdruck einer Haltung   49

„Wenn du ein Schiff bauen willst,
beginne nicht damit,
Holz zusammenzusuchen,
Bretter zu schneiden und die Arbeit zu verteilen,
sondern erwecke in den Herzen der Menschen die Sehnsucht
nach dem großen und schönen Meer.“

Antoine de Saint-Exupéry

Wir haben einen Traum …

Wir leben in einer GEMEINWOHL GESELLSCHAFT in Freiheit, Gleichheit und Brüderlichkeit – in Einigkeit und Recht und Freiheit.

Wir leben Freiheit: Unsere harmonische Gemeinschaft ist dezentral organisiert. Die verschiedenen Lebensbereiche verwalten sich eigenständig, denn sie folgen den jeweils eigenen Funktionsprinzipien. Diese ausgeglichene Gesellschaft respektiert die Vielfalt ihrer Mitglieder. Wir fragen uns: Wie können wir gemeinsam die Welt vervollkommnen?

Bei uns kann jeder Mensch seine Fähigkeiten frei entfalten und sie zum Wohle der Gemeinschaft einsetzen. Wir sind ein Teil der Natur – wir schützen sie sorgsam und leben in Dankbarkeit für ihre vielfältigen Gaben, die uns gesund halten.

Die alten Menschen sind gleichberechtigter Teil der Gemeinschaft. Ihre Erfahrung, ihre Weisheit und ihr Rat sind geschätzte Beiträge zum GEMEINWOHL.

Wir leben unsere Schöpferkraft. In der Freiheit des Kultur- und Geisteslebens blüht die Kreativität der Menschen mannigfaltig und bringt immer wieder neue Ideen aus dem Reich des Geistigen ein. Dies ist auch die Grundlage unserer florierenden Wirtschaft.

Kunst und Kultur, Forschung und Entwicklung, Gesundheit, Bildung und Religion entwickeln sich frei, ohne Reglementierungen und wirtschaftliche Zwänge. Die Finanzierung erfolgt durch Schenkgelder – so sind wir füreinander da.

Unsere Kinder sind auch die Zukunft. Sie wachsen in einem liebevollen Umfeld auf und liegen allen am Herzen. Sie werden nach ihren individuellen Talenten gefördert, mit denen sie auf die Erde gekommen sind.

Wir leben Recht und Gleichheit: In unserer GEMEINWOHL GESELL-SCHAFT wird jeder Mensch als ein unverwechselbares Individuum mit seinen eigenen Bedürfnissen und Wünschen gesehen, unabhängig von Geschlecht, Weltanschauung, Religion und Herkunft.

Wir leben Sicherheit: Alle Bürger sind in ihrer Würde und vor dem Gesetz gleich. Richter und Staatsanwälte sind unabhängig von politischen und wirtschaftlichen Interessen.

Wir begegnen uns auf der Höhe unserer Herzen. Gesetze werden mit Augenmaß geschaffen und dienen den Menschen und ihren Lebensrhythmen. Sie sind klar und bieten Orientierung.

Wir leben Einigkeit und Brüderlichkeit: Wir sind füreinander da. Wir fragen unseren Mitmenschen: Was brauchst du?

Dies ist die Basis unseres Wirtschaftslebens: Jeder trägt auf seine Art und Weise dazu bei, die Bedürfnisse aller zu befriedigen. So treten wir in Einigkeit füreinander ein.

Ein freies Geld wird rückzahlungs- und zinsfrei durch alle Menschen gleichermaßen geschöpft und dient als Zahlungsmittel für den Austausch von Waren und Dienstleistungen.

In unserer Mitte leben wir – zwischen den spirituellen und geopolitischen Kräften des Ostens und denen des Westens – in allgemeinem Wohlstand, in einem friedlichen und neutralen, in einem selbstbewussten und selbstverteidigungsstarken Europa. Immer mehr Staaten auf der ganzen Welt folgen nach und nach unserem Beispiel einer in ihren drei Gliedern Rechtsleben, Wirtschaftsleben und Geistesleben ausgewogenen Gesellschaft.

Wir lieben dieses Leben sehr!

Einleitung

Neuanfang

Das derzeitige Gesellschaftssystem des 21. Jahrhunderts hat ausgedient. Es fällt in sich zusammen und benötigt grundlegende Veränderungen, wenn es nicht das Ende einer demokratischen Gesellschaft mit ihren vielfach errungenen Freiheiten sein soll!

Dauerkrisen, ideologische Spaltung, Sozialabbau, Kriege, Überschuldung und Umweltzerstörung sind die deutlichsten Zeichen eines untergehenden demokratischen, humanistisch geprägten Gesellschaftssystems.

Die vorliegenden WEGE zeichnen einen echten Neuanfang. Substantielle Reformen bilden die Basis einer GEMEINWOHL GESELLSCHAFT in Freiheit, Gleichheit und Brüderlichkeit.

Diese Schrift enthält eine Vision für Menschen, die an langfristigem, selbstbestimmtem und verantwortungsbewusstem Frieden und Wohlstand einer freien Gesellschaft interessiert sind.

Prozess

Die meisten Fragen im Zusammenhang mit den sich ausweitenden Dauerkrisen werden mit Blick auf die Vergangenheit und die kausalen Zusammenhänge gestellt: Es ist die Frage nach dem Warum.

Aber erst zusammen mit der Frage nach dem Wofür werden der naturgegebene Entwicklungs- und Veränderungsprozess und sein tieferliegender Sinn deutlich: die Finalität. Es ist Frage nach dem möglichen Potential, welches aus der Zukunft auf uns zukommt.

Entwicklungspotential

Die Sozialwissenschaft der „Dreigliederung des sozialen Organismus" wird abgekürzt „Soziale Dreigliederung" genannt. Diese Sozialwissenschaft beschreibt insbesondere das Zusammenleben in staatlich organisierten Gesellschaften, in denen alle ihre Einwohner eingebunden sind.

Einer solchen – auch gesellschaftlichen – Vereinbarung geht die entsprechende Bewusstseinsverfassung eines Großteils der Bevölkerung voraus. Sie mündet möglicherweise in einer verfassungsgebenden Versammlung mit den entsprechenden Vereinbarungen für die gesamte Bürgerschaft eines Landes. Diese bis heute immer noch theoretisch gebliebene Option eines gesunden makro-sozialen Organismus wird in TEIL 1 näher beschrieben.

Nach dem Studium der Erläuterung dieser Gesellschaftsvision wird in TEIL 2 analog die Möglichkeit des Zusammenlebens kleinerer und größerer sozialer Organisationen, sogenannter mikro-sozialer Organismen innerhalb eines Staatsgebietes, beschrieben, welche sich NOCH NICHT IM GANZEN im Sinne der „Sozialen Dreigliederung" organisieren.

Sozialer Organismus

Ein sozialer Organismus ist eine Familie, eine Schulklasse, eine Schule, ein landwirtschaftliches, handwerkliches oder anderes Unternehmen, eine Initiative, eine kleine oder auch große Lebensgemeinschaft, eine Kommune, ein Staat und auch die Menschheitsfamilie als Weltengemeinschaft.

Dreigliederung

Es ist eine unumstößliche Tatsache, dass jede Art einer Gemeinschaft in drei Hauptbestandteile gegliedert ist.

Dies gilt auch für moderne, staatlich organisierte Gesellschaften: für Monarchien genauso wie für parlamentarische Demokratien, für eine Diktatur ebenso wie für eine Republik.

Es sind dies die drei gesellschaftlichen Bereiche Kultur, Recht und Wirtschaft. Jedes menschliche Individuum ist bei seinen sozialen Aktivitäten immer in alle drei Glieder hineingestellt.

Entwicklung

Das war nicht immer so. Die heute bekannten Gesellschafsformen entwickelten sich erst nach und nach in den aufeinanderfolgenden Kulturepochen. Gab es im antiken Ägypten noch den „gottgegebenen" Pharao als Alleinherrscher (1) über Geistesleben, Recht und Wirtschaft, bildete sich im Alten Rom das noch heute gültige Rechtsleben als eigenständiger Gesellschaftsbereich (2) heraus. Das derzeitige Wirtschaftsleben (3) als eigenständige Größe entwickelte sich erst nach und nach in den letzten Jahrhunderten.

Gesunder Organismus

Damit ein heutiger gesellschaftlicher Organismus gesund existieren kann, müssen diese drei Bereiche jedoch in einem ausgeglichenen Verhältnis stehen.

Das Bewusstsein für die Ausgewogenheit dieser drei Hauptbestandteile dient als gesellschaftliches Leitbild. Dies ist KEIN neues System. Grundlage dieser Sozialwissenschaft ist die Betrachtung des

Lebendigen, denn ein Organismus, ob körperlich oder gesellschaftlich, ist dreigegliedert. Die Bedeutung ist daher zeitlos gültig. Die Darstellung des sozialen Lebens beruht auf der Betrachtung kosmischer Gesetzmäßigkeiten und ihrer lebendigen Naturgesetze.[2]

Ein Gesamtorganismus wird krank, wenn Bereiche regulierend oder manipulierend in andere Bereiche eingreifen. Die bekannten gesellschaftlichen Krisen resultieren letztlich aus dieser fehlenden Ausgewogenheit. Durch die Übergriffigkeit erstarren die gesellschaftlichen Prozesse. Wenn die drei Grundelemente des sozialen Organismus willkürlich vermengt werden, kann keine Ordnung entstehen. Findet die Organgemeinschaft keinen Ausgleich und somit nicht zurück in die ausgewogene Dreigliederung, kann dies in den Tod des Gesamtorganismus führen (z. B. durch Krieg).

Um solchen ungesunden Tendenzen vorzubeugen, bedarf es einer stetigen Aufmerksamkeit und Beobachtung. Lebendige Organismen verändern sich ständig, ganz im Gegensatz zu starren Systemen. Es bedarf in diesem Zusammenhang eines völlig neuen Denkens und der Bereitschaft jedes Einzelnen, Verantwortung zu übernehmen.

Selbstorganisation

Ein menschlicher Organismus gliedert sich selbstorganisierend in ein Stoffwechsel-Gliedmaßen-System, ein Herz-Rhythmussystem inklusive Atmung und ein Nerven-Sinnes-System. Die Analogie zum gesellschaftlichen Organismus ist ein Geistesleben, ein Rechtsleben und ein Wirtschaftsleben. Diese Zusammenhänge werden in TEIL 1 noch näher erläutert.

Der Unterschied zu den herkömmlich erdachten gesellschaftlichen Systemen ist bereits an den Begriffen dieser Schrift erkennbar: Wir verwenden Naturbegriffe wie *Organismus* (statt *System*), gesellschaftliche *Glieder* (statt z. B. Wirtschafts*bereich*), Gesundheits-

wesen (statt Gesundheits*system*), Geistes*leben* (statt z. B. Bildungs-*system*) oder Rechts*gleichheit* (statt *Gewalt*enteilung).

Anders als die heute über dreißig verschiedenen Gesellschaftswis-senschaften[3] (Politik-, Bildungs-, Religions-, Betriebs-, Rechts-, Gesundheitswissenschaften usw.) betrachtet das Leitbild der Sozialen Dreigliederung in einem vernetzenden Denken sowohl diese Einzelbereiche des gesellschaftlichen Lebens als auch deren WIRKUNGEN im Miteinander.

Ein Novum in der Geschichte.

Vernetztes Denken

Das vernetzte Denken eines Sowohl-als-auch schließt alle Teile eines gesellschaftlichen Organismus mit ein, und auch den Beobachter selbst. Das ist die Bedeutung von *integral*:

„Zu einem Ganzen dazugehörend und es erst zu dem machend, was es ist."[4]

Hilfreich ist in diesem Zusammenhang, mindestens drei Sachverhalte (Sowohl-als-auch) zu zählen. Bei zwei Sachverhalten (Entweder-oder) bleiben viele Menschen in der dualen (zwei enthaltend) Bewusstseinsverfassung hängen. Dies führt normalerweise zu den bekannten Spaltungstendenzen.

Verbundenheit

Die Soziale Dreigliederung verbindet Menschen unterschiedlichster Herkünfte, Ansichten, politischer Haltungen, Schulbildungen, fachlicher Ausbildungen, kultureller Prägungen und Religionszugehörig-keiten.

Sie verbindet Menschen aus Ost, West, Nord und Süd und aus der Mitte.

Sie verbindet Arme und Reiche, Junge und Alte, Männer, Frauen und Menschen, die sich Sowohl-als-auch fühlen, Dicke, Dünne, Gewinner, Verlierer, Mütter, Väter, Babys, Unternehmer, Leistungsempfänger, Freiberufler, Rentner, Kinder, Jugendliche, Faule, Fleißige, Schnelle, Langsame, Kluge, Dumme, Linke, Rechte, Mittlere, Obere, Untere, Gesunde, Behinderte, Kranke, Verwalter, Soziologen, Patienten, Psychologen, Kommunikative, Maulfaule, Akademiker, Schulabbrecher, Klienten, Trainer, Sprachgewandte, Stotterer, Sozialarbeiter, Wissenschaftler, Lehrer, Schüler, Sportler, Handwerker, Arbeiter, Lustige, Traurige, Rechtsgelehrte, Gebildete, Bildungsferne, Politiker, Künstler, Forscher, Polizisten, Steuerfachleute, Soldaten, Priester, Kommunisten, Kapitalisten, Kulturschaffende, Pädagogen, Tiere, Luft und Wasser, Abgehobene, Bodenständige, Ärzte, Therapeuten, Verbraucher, Heiler, Natur und Umwelt, Händler, Konsumenten, Dienstleister, Produzenten, Gärtner, Landwirte, Forscher, Entwickler, Philosophen, Magier, Spinner, Komiker und Witzeerfinder, also alle Individuen inklusive ihrer Lebensgrundlagen wie Grund und Boden, Kapital, Unternehmen, Geld.

„Und jedem Anfang wohnt ein Zauber inne"[5]

So, wie eine Sache anfängt, wird sie in der Regel auch weitergehen. Dieses „Gesetz des Anfangs" lässt sich rückblickend leicht mit persönlichen Erfahrungen bestätigen.

So liegt ein Neubeginn immer in der geistigen Ebene, in einer sogenannten „Idee". Es ist also bereits wichtig, mit welcher inneren Haltung ein Projekt begonnen wird, mit welchen Menschen zusammengearbeitet und mit wem der Traum, das Vorhaben, geteilt wird.

Damit das Schiff am Ende nicht nur ein Rettungsboot wird, scheinen drei Fragen zentral zu sein. Sie begleiten jede Gemeinschaft, jede Gesellschaft, auch dauerhaft. Sie entscheiden wohl über den Erfolg oder Misserfolg der Idee.

- **Was können wir gemeinsam für die Welt tun?**

- **Wie können wir uns und die Gemeinschaft weiterentwickeln?**

- **Was brauchst du?**

Diese Vorgehensweise lässt sich entsprechend auch auf kleinere und größere Gemeinschaften sowie auf ganze Staaten übertragen.[6]

Schritt für Schritt in die gesunde Gesellschaft

I. Vision

Die **Vision** einer weitgehend ausgeglichenen Sozialen Dreigliederung ist ein raum- und zeitfreies inneres Bild. Ihre **Mission** führt in eine „GEMEINWOHL GESELLSCHAFT" in besonderer Beachtung von Freiheit, Gleichheit und Brüderlichkeit.

II. Strategie

In dem nachfolgenden strategischen Schritt bekommt der ursprüngliche Traum erstmals eine räumliche und zeitliche Struktur. Es wird nun zum „Projekt GEMEINWOHL GESELLSCHAFT". Jetzt ist es wichtig, einen zeitlichen Ablauf bis zum Ziel zu **planen**.

So werden die gemeinsam als notwendig erachteten Maßnahmen Schritt für Schritt entwickelt, um die Vision mit der
zugehörigen Mission auch erreichen zu können.

Teil dieser Maßnahmen ist u. a. eine breite Öffentlichkeits-
arbeit, die ein Bewusstsein und Verständnis für die Wirk-
ZUSAMMENHÄNGE innerhalb der sozialen Ordnung einer
Gesellschaft schaffen wird.

III. Taktik

Im dritten Schritt erfolgen nun die **taktischen Maßnahmen.**
Hier bilden sich Verbindungen und dynamische Netzwerke
auch mit den bereits vielfältig bestehenden Projekten, die
sich im Geiste einer freien Gesellschaft auf Augenhöhe be-
finden. Es bilden sich Arbeitsgruppen, Zukunftswerkstätten,
Kongresse, Online-Kongresse und Foren; es entstehen
Schulungsmöglichkeiten sowie weitere geeignete Unternehmungen und Strukturen, um die gesteckten strategisch-zeit-
lichen Ziele des zweiten Schrittes mit ihren Zwischenzielen
zu erreichen.

IV. Operatives

Jetzt erst, im vierten Schritt, wird die gemeinsame **Arbeit
aufgeteilt**: Wer macht was, wie, wo und wann? Entscheidend hierfür sind die fachlichen und sozialen Fähigkeiten der
einzelnen Akteure.

Die Strategie folgt nur der Vision, die Taktik folgt nur der Strategie
und das operative Tun folgt nur der taktischen Ebene. Es ist wie bei
einer Karawane mit vier Kamelen, die Schritt für Schritt durch eine
sonst vollkommen leere Wüste schreiten. Bei Tag und bei Nacht.
Kein Sturm wird sie vom Weg abbringen.

Wird diese innere Ordnung und Reihenfolge von **Vision, Strategie, Taktik** und **Operativem** nicht eingehalten, wird das Projekt sehr wahrscheinlich scheitern. Die Vision wird sich dann nicht erfüllen. Sollte es also im Verlauf der Zeit zu Schwierigkeiten, Verzögerungen, Missverständnissen oder sogar zu Streitigkeiten kommen, hilft aus unserer Erfahrung nur EINES: Zurück zum Anfang und wieder Schritt für Schritt vorgehen.

Es wird jedoch von Mal zu Mal mehr zur Gewohnheit!

Teil 1: Die Soziale Dreigliederung – eine Gesellschaftsvision

Soziale Dreigliederung ganz praktisch: Schritt für Schritt verstanden

Jede Gesellschaftsordnung ist dreigegliedert. Ohne ein Bewusstsein für die inneren organischen Wirkzusammenhänge der Sozialen Dreigliederung scheitert jedweder Versuch einer gesellschaftlichen Systematisierung.

Die Natur lässt sich nicht systematisieren, sie ist ein sich selbst organisierendes Gefüge. Jede Disharmonie löst unvorhersehbare Effekte aus. Ihre gegebenen Rhythmen und Zyklen geraten zuerst ins Stocken, dann wird so ein unnatürliches System krank und letztlich wird es sich von innen her, ganz natürlich, selbst zerstören.

Nach dem Leitbild der Sozialen Dreigliederung sind natürlich-dreigegliederte Gesellschaftsordnungen des öffentlichen Lebens somit

- das Geistesleben (Kultur) mit Bildung und Erziehung, Forschung und Entwicklung, Gesundheit, Religion, Kunst (wie Musik, Literatur, Bildhauerei, Tanz), Erfindungen und Patenten, Arbeit, Verwendung von Grund und Boden sowie dem Kapital (Produktionsmittel),

- das Rechtsleben (Staatswesen) mit Regierung, Verwaltung und öffentlichem Dienst und

- das Wirtschaftsleben (Wirtschaft): im Wesentlichen Produktion, Verarbeitung, Dienstleistung, Handel, Vertrieb und Konsum.

Jeder Mensch ist bei seinen Aktivitäten stets in alle drei dieser Glieder hineingestellt.

<u>Beispiel Arbeit:</u>

- Arbeit ist keine Ware. Sie ist zuerst einmal geistig (Freiheit des **Geisteslebens**). Sie soll daher nicht an den Meistbietenden verkauft werden müssen.

- Dies wird im **Rechtsleben** (Gleichheit vor dem Recht) gesetzlich geregelt. Um Ausbeutung und Selbstausbeutung zu verhindern, ist es bei Bedarf möglich, gesetzliche Arbeitshöchstgrenzen festzulegen. Im Rechtsleben werden auch die gesetzlichen Grundlagen für die Einbringung der Arbeit in das Zusammenwirken des Wirtschaftslebens gelegt.

- In einem freien Markt arbeitet das **Wirtschaftsleben** auf der Grundlage klarer Verträge.

  Die Ablauforganisation erfolgt auf Augenhöhe und gleichberechtigt (Heterarchie). Maßgebend für die Führung ist ihre immer wieder neu zu erwerbende Autorität durch die entsprechenden fachlichen und sozialen Fähigkeiten.

  In so einem arbeitsteiligen Miteinander stellen Menschen Produkte und Dienstleitungen für andere Menschen bereit. Diese Arbeitsleistung wird in den Assoziationen (lat. *associare* = vereinigen, verbinden, verknüpfen, vernetzen) des Wirtschaftslebens (Brüderlichkeit/Einigkeit) entwickelt und eingebracht. Hier vereinigen, verbinden, verknüpfen und vernetzen sich Produzenten, Dienstleister, Händler und Konsumenten.

  Mit der immer wieder gegenseitig gestellten Frage: „Was brauchst du?" (Brüderlichkeit) entwickeln sie Bedarf, Herstellung, Handelswege, Logistik, Dienstleistungen, Vertrieb und die Festlegung der Preise. So teilen sie auch die Früchte (die Gewinne und das Risiko der Verluste) auf.

Bis in die kleinsten Arbeitsprozesse der unterschiedlichen Unternehmungen hinein werden so die Fähigkeiten arbeitsteilig hineingearbeitet. Die Prozesse dieses Füreinander sind vielschichtig und teils hochkomplex.

Verbesserte soziale Ordnung

Eine Verbesserung der sozialen Ordnung wird durch die Bewusstwerdung der bestehenden Gegebenheiten im Einzelnen und durch deren WIRKUNGEN in ihren Zusammenhängen erreicht.

Wir halten es für nötig, eine Vielzahl gesellschaftlicher Prozesse KONSEQUENT zu **dezentralisieren**, um hierdurch Raum und Transparenz für die unterschiedlichen Wirkzusammenhänge zu schaffen.

Diese unterschiedlichen Bereiche des Geisteslebens, des Rechtslebens und auch des Wirtschaftslebens verwalten sich idealer*weise* eigenständig den je eigenen Funktionsprinzipien folgend. Die Eigenorganisation findet auf Augenhöhe und gleichberechtigt statt. Maßgebend für eine richtungsweisende Führung sind die fachlichen und sozialen Fähigkeiten.

Dies geschieht ohne den Eingriff eines Einheitsstaates, der zugunsten einer ausgewogenen Dreigliederung weitgehend aufs Notwendige reduziert werden kann. Und nein, es entsteht KEIN Chaos, denn das Rechtsleben sorgt mit klaren Regeln und Gesetzen – ohne Privilegien – für Sicherheit durch die Gleichheit aller Menschen vor dem Gesetz!

So entsteht ein schlanker Staat (Rechtsleben) mit einer effektiven sowie effizienten Verwaltung ohne Ministerien; er arbeitet sehr kostengünstig. Das Steuersystem kann entfallen. Zusammen mit den Steuerzahlungen entfallen auch Steuerhinterziehung (Schwarzgeld) und Steuerflucht. Die verbleibenden Verwaltungskosten, auch für die innere Sicherheit und die Landesverteidigung, werden durch Gebühren gedeckt. So entsteht auch eine maximale Transparenz für alle Bürger.

Sozialfonds werden im Wirtschaftsleben gebildet und übernehmen die Versorgung für Menschen, die sich nicht aktiv an den Wertschöpfungsprozessen beteiligen können.

Gemeinsam dreigegliedert

Jeder Mensch ist einzigartig und bringt durch seine besonderen Gaben und Talente einen besonderen Beitrag für das Ganze ein.

Die dreigegliederte Gesellschaftsordnung kann in ihrer Ausgeglichenheit umgesetzt werden, wenn sie vom Respekt für die beiden grundlegendsten Gemeinsamkeiten aller Menschen getragen wird:

- **Autonomie** (altgriechisch *αὐτονομία autonomía* ‚Eigengesetzlichkeit‘, ‚Selbstständigkeit‘, aus *αὐτός autós* ‚selbst‘ und *νόμος nómos* ‚Gesetz‘) **und**

- **Vielfalt** (Jeder Mensch ist einzigartig und bringt somit etwas Eigenes für das Ganze ein.)

Eine Soziale Dreigliederung erhält sich nur durch die ausgeglichene Gesamtwirkung ihrer drei Glieder. Die Übergriffe eines der Glieder auf die anderen geschehen immer auf Kosten der Freiheit, auf Kosten der Gleichheit (Recht) und auf Kosten der Brüderlichkeit (Einigkeit).

Wird das Rechtsleben gegenüber dem Wirtschaftsleben übergriffig, sprechen wir von einem eher kommunistischen System. Ist das Wirtschaftsleben wiederum übermächtig und dem Rechtsleben gegenüber übergriffig geworden, sprechen wir folglich von einem eher kapitalistischen System.

In beiden Fällen krankt das Geistesleben. Im schlimmsten Fall droht auf Dauer der Kulturtod. Beides ist ein Übergriff auf den freien Geist: sowohl parteipolitisch ideologisierende Gleichmacherei durch das Rechtsleben als auch eine Kommerzialisierung durch die Wirtschaft.

An diesem Beispiel soll auch deutlich werden, dass

- die **Freiheit** in das Geistesleben gehört. Eine übermäßig selbstbezogen ausgelebte Freiheit führt sowohl in einem Wirtschaftsleben ohne Einigkeit als auch in einem Rechtsleben ohne Gleichheit zu Einseitigkeit und Egoismus, also zu Übervorteilung des einen gegenüber den anderen.

- Ebenso verhält es sich mit der **Gleichheit,** die nur vor dem Gesetz gelten darf. Sowohl im Geistesleben als auch im Wirtschaftsleben richtet Gleichmacherei in hohem Maße Schäden an.

- Ein Wirtschaftsleben ohne **Brüderlichkeit** führt zu einer starken Kommerzialisierung des Geisteslebens und damit in seine Unfreiheit. Auch die Manipulation des Rechtslebens durch die Wirtschaft ist folgenreich, denn sie führt in die Ungleichheit.

Ernte

Die Vorteile dieser Art und *Weise* eines sozialen Miteinanders liegen in einer reichen Ernte: Einigkeit in Frieden und Wohlstand, Sicherheit,

Gleichheit vor dem Gesetz und freie kulturelle, seelische und geistige Entwicklung sind in der gesamten Bürgerschaft möglich.

Analogien sollen die Zusammenhänge besser verständlich machen:

Geistesleben

Durch eine konsequente Deregulierung entsteht reicher Freiraum für Kreativität und neue Ideen in den Bereichen des Geisteslebens. Dies ist vergleichbar mit dem Stoffwechsel in einem menschlichen Organismus. Wird er beschränkt, kann er sich nicht gesund entwickeln. Am Ende „verhungert" der Mensch.

Wird ein Mensch in der freien Ausübung des Geisteslebens eingeengt, kann er sich ebenso wenig gesund entwickeln. Es ist ein „seelisch-geistiges Verhungern", welches dann auch Konsequenzen für den ganzen Leib (analog der Kultur) hat.

Seelisch-geistig schlecht ernährt beginnen stattdessen im Organismus Teile unkontrolliert zu wuchern. Es ist ein Wachstum auf der falschen Ebene, ein materielles Wirtschafts- und Geldmengenwachstum ohne Ziel, vergleichbar mit Krebs. Krebserkrankungen sind die Todesursache Nr. 2.[7] Dies gilt für die Menschen und ebenso für ihre Gesellschaften.

Rechtsleben

Als Vergleich für das Rechtsleben seien Atmung und Herzrhythmussystem eines menschlichen Organismus genannt. Werden diese auf Dauer zu stark in Anspruch genommen, wird der Mensch krank (durch Über- aber auch Unterregulierung). Erkrankungen des Herz-Kreislaufsystems sind die Todesursache Nr. 1. [7]

Gesetze sollten für Menschen geschaffen werden, ihnen dienen und ihre Lebensrhythmen berücksichtigen, mit Augenmaß und aus dem Herzen heraus.

Wirtschaftsleben

Das Wirtschaftsleben ist vergleichbar mit dem Nerven-Sinnes-System eines menschlichen Organismus. Seine feinen Antennen und die dadurch bedingte schnelle Informationsweitergabe sollten nicht beschnitten werden, denn das menschliche Zusammenleben und seine Anforderungen verändern sich stetig.

Psychische Störungen betreffen rund ein Viertel der Bevölkerung (rund 25 %). Es ist der Erkrankungsbereich mit den höchsten Zuwachsraten.[8]

Wege zu einer gesunden Wirtschaft in Brüderlichkeit

Ein freier Markt (Wirtschaftsleben) wirkt auf der Grundlage der allgemein bestehenden Gesetze (Rechtsleben), denn wirtschaftlich faire Vereinbarungen werden durch klare Verträge gesichert.

Das bedeutet, dass Bedarfsermittlung, Versorgung mit Waren, Dienstleistungen und Geldflüsse nicht zentralistisch gesteuert werden dürfen. Solche Versuche sind in der menschlichen Geschichte bisher immer gescheitert. In den schlimmsten Fällen kam es zu schweren Hungersnöten und (Bürger)kriegen.

Durch die Idee, gegen die Zahlung einer Zins-Gebühr Geld durch Bankinstitute zu erschaffen (Fiat- Schulgeld), entsteht ein permanenter Mangel. Weit über 90 % des umlaufenden Geldes entsteht so aus dem Nichts durch (private) Banken. Alle Staaten, Unternehmen und ihre Menschen müssen nicht nur den Kreditbetrag zurückzahlen, sondern auch noch für diese Zinsen arbeiten. Schätzungen zu Folge betragen **Zinskosten** im Durchschnitt **die Hälfte (50%) aller Verbraucherpreise.**[9]

Das Geld des Wirtschaftslebens einer Sozialen Dreigliederung wird daher durch alle Bürger gleichermaßen bedingungslos, rückzahlungsfrei und zinsfrei geschöpft. Auch das Geld für Infrastrukturmaßnahmen kann so bereitgestellt werden.

Eine Deflation wird hiermit vermieden; es ist immer genügend Geld im wirtschaftlichen Umlauf. Eine ungesunde Ausweitung der Geldmenge (Inflation) wird reguliert durch eine entsprechend im Rechtsleben justierbare Alterungsgebühr. Auch hier ist die Natur, ist das Lebendige, Vorbild: Es ist das Prinzip von Werden und Vergehen.

Durch diese Maßnahmen reduziert sich die Arbeitszeit der Menschen bei gleichem Einkommen um die Hälfte, oder die Wertschöpfung verdoppelt sich bei gleichbleibender Arbeitsleistung. Diese erzielten Überschüsse können auch als sogenanntes Schenkgeld in das Geistesleben und somit in die Zukunft der Menschengemeinschaft investiert werden.

Banken werden reine Finanzdienstleister und übernehmen gegen eine Gebühr die Vermittlung zwischen den Teilnehmern des Wirtschaftslebens, welche ihr Geld verleihen oder Geld leihen möchten (Leihgeld).

Eine zentrale Geldausgabe durch Banken gegen Zinszahlungen ist dagegen auf Dauer das lähmende Nervengift für jeden sozialen Organismus.

In einer Sozialen Dreigliederung ist Geld selbst keine Ware. Geld ist auch kein Kapital. Das Wirtschaftsleben verwaltet das Geld eigenständig auf der Basis der Gesetze (Rechtsleben).

Die Hauptaufgabe des Geldes liegt in seiner Funktion als „Fließmittel", welches den Austausch von Waren und Dienstleitungen gewährleistet (Kaufgeld).

Durch ein Buchhaltungssystem werden die Geldflüsse und Warenströme sichtbar gemacht. So kann jederzeit nachvollzogen werden, wo ein Bedarf entsteht und wo nicht. Fließt zu viel Geld in eine Region, fehlt es möglicherweise in einer anderen. Schnell können unbürokratisch ausgleichende Maßnahmen beschlossen werden.

Geld erfüllt hingegen seine Aufgabe als Wertspeicher sehr schlecht. Statt Geld zu horten, ist es in einem gesunden „Stoffwechsel" als Schenkgeld besser angelegt. So bleibt eine Gesellschaft auf Dauer gesund mit ihren Bereichen Bildung, Kunst und Kultur, Gesundheitswesen sowie Forschung und Entwicklung. Geld in langlebigen Wirtschaftsgütern anzulegen, ist auch ausgesprochen sinnvoll, denn es schont die Nerven und auch Natur und Umwelt.

Der Trialog des Geistes-, Rechts- und Wirtschaftslebens erfolgt in Senatsversammlungen auf regionaler, nationaler und internationaler Ebene.

Demokratie

In einer GEMEINWOHL GESELLSCHAFT gelten die typischen Eigenschaften einer Demokratie: freie und direkte Wahlen, das Mehrheitsprinzip, die Respektierung politischer Opposition, Verfassungsmäßigkeit und Schutz der Grundrechte. Demokratische Entscheidungen nach dem Mehrheitsprinzip bilden die Grundlage des Staatslebens; ungeeignet erscheinen sie hingegen zur Gestaltung des Wirtschaftslebens und des freien Geisteslebens.

Substantielle Reformen
Freiheit Gleichheit Brüderlichkeit –
Einigkeit und Recht und Freiheit

Die Umsetzung der 21 wichtigsten Reformpunkte können zusammen in einem Maßnahmenpaket, aber auch Schritt für Schritt erfolgen:

Geistesleben (Freiheit)

Die zentrale Frage des Geisteslebens lautet: „Wie können wir uns und die Gemeinschaft zur Freiheit weiterentwickeln?"

In diesem Zusammenhang ist dafür zu sorgen, dass den Bereichen des Geisteslebens die notwendigen Budgets durch sogenanntes Schenkgeld ohne ökonomische Verpflichtungen aus dem Wirtschaftsleben zukommen.

I. **Bildung**

Das Bildungswesen ist frei. Eine entsprechende Gesetzgebung schließt die direkte Einflussnahme durch Staat, Politik und Wirtschaft aus.

Pädagogen sind ausschließlich ihren Schülern bzw. deren Erziehungsberechtigten verpflichtet, jedoch keinen Interessen von Unternehmen oder parteilichen Ideologien. Im Bildungswesen kann somit jedes Individuum zu einem Verhalten befähigt werden, das die Gesellschaft als Ganzes gesund erhält.

II. Gesundheit

Das Gesundheitswesen ist frei. Ärzte, Heilpraktiker und Therapeuten sind ausschließlich ihren Patienten und Klienten gegenüber verpflichtet; eine entsprechende Gesetzgebung schließt die direkte Einflussnahme durch Staat, Politik und Wirtschaft aus.

Solidargemeinschaften übernehmen bei Bedürftigkeit die Kostenerstattung.

III. Religion

Die Religion ist frei. Sie liefert ihren Beitrag zu der geistigen und spirituellen Entwicklung der Gesellschaft. Eine staatliche Steuereintreibung ist ebenso unzulässig wie die direkte Einflussnahme auf das Rechtswesen. Die Deckung ihrer wirtschaftlichen Bedürftigkeit erfolgt über Zuwendung ihrer Mitglieder.

IV. Forschung und Entwicklung

Forschung und Entwicklung sind frei. Es ist dafür zu sorgen, dass ihnen notwendige Budgets durch Schenkgeld – ohne wirtschaftliche Verpflichtungen gegenüber dem Rechtsleben oder dem Wirtschaftsleben – zukommen.

V. Patente

Patente sind rechtliche Absicherungen von Erfindungen, die dem Erfinder das exklusive Recht über die Verfügung (auf eine bestimmte Dauer) absichern.

Nutzbringende Erfindungen dürfen vor der Menschheit nicht verborgen werden (beispielsweise aus wirtschaftlichen Motiven heraus). Die Urheberschaft wird durch das Rechtsleben abgesichert. Es ist dafür zu sorgen, dass ihnen die notwendigen Budgets durch Schenkgeld ohne Verpflichtungen gegenüber dem Rechtsleben oder dem Wirtschaftsleben zukommen.

VI.   Kunst und Kultur

Kunst und Kultur sind frei von wirtschaftlichen Einflüssen. Es ist dafür zu sorgen, dass ihnen die notwendigen Budgets durch Schenkgeld ohne Verpflichtungen gegenüber dem Rechtsleben oder dem Wirtschaftsleben zukommen.

VII.   Medien

Medien sind frei von wirtschaftlichen Einflüssen. Es ist dafür zu sorgen, dass ihnen die notwendigen Budgets durch Schenkgeld ohne Verpflichtungen gegenüber dem Rechtsleben oder dem Wirtschaftsleben zukommen. Ein entsprechendes Gesetz schließt eine Einflussnahme durch die Politik oder die Wirtschaft aus.

VIII.   Rechtsprechung

Richter (Judikative) sind in ihrem Urteil frei und richten sich nach gesetzlichen Vorgaben im Ermessen individueller Ausprägung des Falles. Ein entsprechendes Gesetz schließt eine Einflussnahme durch die Politik oder die Wirtschaft aus.

IX. Parteien

Parteien bündeln die Interessen bestimmter Gruppen und kommunizieren sie. Demokratisch gewählte Vertreter öffentlicher Belange sind frei. Parteibeschlüsse sind nicht bindend. Eine direkte Einflussnahme durch die Wirtschaft (Lobbyismus) ist unzulässig.

X. Arbeit

Arbeit ist zuerst einmal eine geistige Leistung. Sie soll nicht in Zeitkontingenten an den Meistbietenden verkauft werden. Als Mitunternehmer wird diese Leistung in den Assoziationen des Wirtschaftslebens brüderlich und in Einigkeit durch Beteiligung am Erfolg (Gewinn/Verlust) ausgeglichen (Produktion, Verarbeitung, Handel, Dienstleistung).

XI. Grund und Boden

Grund und Boden sowie Bodenschätze gehören zunächst niemandem (Freiheit/Geistesleben); sie sind Allgemeingut. Deren Nutzungsbedingungen werden durch das Rechtsleben festgelegt. Ähnlich dem Erbbaurecht kann Grund und Boden durch die Gemeinschaft zur Nutzung als zeitlicher Besitz an die fachlich und sozial Kompetentesten einer Gesellschaft weitergeben werden. Mit einer vertraglichen Vereinbarung werden Laufzeit, Art der Nutzung, Pflege sowie Umgang und Schutz festgelegt. Dabei werden auch die gemeinschaftlichen Interessen an den natürlichen Ressourcen (Bodenschätzen) berücksichtigt.

Der finanzielle Aufwand beschränkt sich auf den Ausgleich der allgemeinen Verwaltungsgebühren. Es entstehen somit keine Kosten für den Kauf von Grund und Boden während der Nutzungszeit. Spekulationen mit Grund und Boden verschwinden. Die nachfolgenden Verbraucherpreise für Miete von Gebäuden und hergestellten Produkten reduzieren sich somit erheblich (Wirtschaftsleben).

Eigentum hingegen sind mit Grund und Boden verbundene Gebäude (Kapital) und Unternehmen mitsamt ihren Produktionsstätten (Kapital). (siehe auch Begriffe *Kapital* und *Unternehmen)*

Auf dem Weg in die Soziale Dreigliederung sind ideologisierte Überlegungen über Enteignungen unbrauchbar. Durch ein dementsprechend gestaltetes Erbrecht oder die Übertragung in gemeinnützige Organisationen lassen sich für alle Beteiligten einvernehmliche Lösungen finden.

XII. Kapital

Das Kapital (lat. *caput* ‚Kopf‘) ist der Geist des Wirtschaftslebens. Durch das Kapital ragt das Geistesleben, das auf den individuellen Fähigkeiten des Menschen beruht, in das Wirtschaftsleben organisierend herein. Es ist vergleichbar mit dem Blut in einem gesunden Organismus: Es muss zirkulieren. Staut es sich an, kann der Gesamtorganismus schweren Schaden nehmen.

Als Kapital werden Produktionsmittel, Maschinen, Gebäude und Fertigungsstätten bezeichnet. Dieses Kapital befindet sich zunächst im Eigentum des oder der Erschaffer, in Form von Privateigentum oder einer Gesellschaft, Genossenschaft oder Stiftung. Diese Gründer und Unternehmer stellen ihr

Kapital für einen Produktionsprozess zur Verfügung. Mögliche Erträge, die hiermit erwirtschaftet werden, werden unter ihnen aufgeteilt.

Das Kapital selbst ist keine Ware. Es unterliegt einem mehr oder weniger dynamischem Erneuerungsprozess. Das Kapital wird aber nicht verkauft und nicht vererbt, sondern als zeitlicher Besitz an die fachlich und sozial Kompetentesten einer Gesellschaft weitergeben. Sie gehen in ein Verantwortungseigentum über.[10]

Damit bleibt der eigentliche geistige Sinn und Nutzen am besten erhalten und kann zum Wohle aller Menschen weiter bestehen.

XIII. Unternehmen

Unternehmensanteile bleiben maximal bis zum Tod der Gründer deren Eigentum.

Das Unternehmen selbst ist jedoch keine Ware. Es wird nicht verkauft und nicht vererbt, sondern es wird als zeitlicher Besitz an die fachlich und sozial Kompetentesten einer Gesellschaft weitergeben. Es geht in Verantwortungseigentum über oder wird – wenn dies nicht sinnvoll erscheint – aufgelöst. Der eigentliche Sinn eines Unternehmens und dessen geistige Leistung bleiben so am besten erhalten. Wird ein Unternehmen wie Ware behandelt, gehen diese in der Regel verloren.

Rechtsleben (Gleichheit/Recht)

Die zentrale Frage des Rechtslebens lautet: „Was können wir gemeinsam für die Welt tun?"

Rechtsgleichheit

I. Rechtsgleichheit

In einer GEMEINWOHL GESELLSCHAFT wird, anders als in herkömmlichen Gesellschaftssystemen, eine Rechtsgleichheit gegeben. Was vormals *Gewalt*enteilung in Judikative (rechtsprechende *Gewalt*), Legislative (gesetzgebende *Gewalt*) und Exekutive (ausführende *Gewalt*) war, ist nun im Sinne eines demokratischen Rechtswesens Rechtsprechung, Gesetzgebung und Sicherheitengebung. Sie sind STRIKT voneinander getrennt. Kein Bereich der Rechtsgleichheit darf direkt auf einen der anderen Bereiche einwirken oder in ihn hineinregieren.

Rechtsprechung (siehe auch *Rechtsprechung Geistesleben*): Richter sind in ihrem Urteil frei und richten sich nach gesetzlichen Vorgaben im Ermessen individueller Ausprägung des Falles. Eine Einflussnahme durch die Politik oder die Wirtschaft ist unzulässig.

II. Gesetzgebung

Gesetzentwürfe werden durch Arbeitsgruppen (Konvente) erarbeitet, die sich im Einzelfall bilden. Nach Abschluss des Gesetzgebungsverfahrens löst sich so ein Konvent wieder auf. Die Mitglieder eines Konvents werden durch das Losverfahren bestimmt. Ähnlich dem Schöffenwesen sind grundsätzlich alle Bürger zur Bereitstellung ihrer Mitarbeit verpflichtet. (aleatorische Demokratie, lateinisch *aleatorius* ‚zum Würfelspieler gehörend‘, ‚vom Zufall abhängig‘).

Die Kompetenz eines jeweiligen Konvents entsteht durch die Hinzuziehung von Menschen mit einer entsprechenden fachlichen Expertise. Für diese Arbeiten stehen ausreichend Zeit und finanzielle Mittel bereit. Die Gesetzesentwürfe werden dann allen wahlberechtigten Bürgern zu direkter Abstimmung vorgelegt.

Eine Einflussnahme durch die Wirtschaft und durch die Politik ist unzulässig.

III. Sicherheitengebung

Als *Politik* (öffentliche Angelegenheit) werden sämtliche Institutionen und Prozesse zur Steuerung von Staat und Gesellschaft bezeichnet. Sie gewährleistet die innere Sicherheit bei Durchsetzung der Gesetze, die Sicherstellung der Gleichheit aller Menschen vor dem Gesetz, eine schlanke Verwaltung sowie die äußere Sicherheit durch eine Landesverteidigung. Politik nimmt gesellschaftliche Interessen wahr und kommuniziert sie. Hier werden die Interessen gegeneinander abgeglichen und es wird für ausgleichende Maßnahmen (Kompromisse) gesorgt.

Die Politik macht keine Vorgaben, sondern vermittelt in die entsprechenden Gremien weiter, die dann organisieren und umsetzen, was als Bedarf herangetragen wurde.

Vertreter öffentlicher Belange werden demokratisch auf Zeit gewählt.

Eine Einflussnahme durch die Wirtschaft ist unzulässig.

Auch die Staatsanwälte dienen der Rechtsgleichheit. Eine Einflussnahme durch die Wirtschaft und durch eine Parteipolitik ist unzulässig.

IV. Landesverteidigung

Die Landesverteidigung kann durch eine Milizarmee[11] bereitgestellt werden (siehe Schweizerische Eidgenossenschaft).

V. Verwaltung

Ministerien werden durch die dezentrale Selbstverwaltung des Geisteslebens, des Rechtslebens und des Wirtschaftslebens weitgehend überflüssig. Für die allgemeinen Verwaltungsprozesse werden mit Hilfe moderner Technik nurmehr schlanke Verwaltungsstrukturen benötigt.

VI. Steuern

Steuerfreiheit: Die Verwaltung des Rechtslebens wird über Gebühren gedeckt. So entsteht auch eine maximale Transparenz für alle Bürger.

Wirtschaftsleben (Brüderlichkeit/Einigkeit)

Die zentrale Frage des Wirtschaftslebens lautet: „Was brauchst du?" Dies bedeutet Brüderlichkeit.
Sozialfonds werden im Wirtschaftsleben gebildet und sichern den Lebensunterhalt all der Menschen, die sich nicht aktiv an den Wertschöpfungsprozessen beteiligen können. Dies sind beispielsweise Arbeitslose, Kranke, Alte oder Kinder.

I. Freier Markt

Im freien Markt des Wirtschaftslebens werden Bedarf, Beschaffung und Bereitstellung von Waren sowie Dienstleistungen gewährleistet. Die Zusammenarbeit der drei Bereiche erfolgt in den verschiedenen Assoziationen. Die Bedürfnisse der Umwelt mitsamt dem Pflanzen- und Tierreich werden dabei berücksichtigt. Die Genossenschaft bietet sich hier als eine mögliche Rechtsform an. Als wirtschaftlicher Organismus wird dabei die Weltengemeinschaft verstanden.

II. Geld

Geld ist keine Ware, Geld ist kein Kapital. Es wird im Wirtschaftsleben dezentral verwaltet.

Geld wird durch alle Bürger gleichermaßen, bedingungslos, rückzahlungsfrei und zinsfrei geschöpft. Eine Deflation wird so vermieden. Es ist genügend Geld im wirtschaftlichen Umlauf. Eine für die Wirtschaftsprozesse mögliche ungesunde Ausweitung der Geldmenge (Inflation) wird durch eine entsprechende Alterungsgebühr reguliert. Dieses natürliche Werden und Vergehen kann den sich verändernden Marktgegebenheiten angepasst werden.

- **Kaufgeld**: Geld dient als Hilfsmittel zum Austausch von Waren und Dienstleistungen.

- Zum sogenannten **Leihgeld** wird es, wenn Teilnehmer des Wirtschaftslebens ihr Geld ausleihen oder Geld leihen möchten. Entsprechende Darlehensverträge regeln die Bedingungen. Die Zinshöhe gleicht die aktuelle Alterungsgebühr aus. So ist es auch für den Geldgeber interessant, sein Geld zu verleihen.

- Als **Schenkgeld** werden alle bedingungslosen finanziellen Zuwendungen (Spenden) für die Bereiche des freien Geisteslebens bezeichnet. Diese oben genannten Bereiche entwickeln sich hierdurch in Freiheit ohne Einflüsse des Rechts- oder Wirtschaftslebens.

Teil 2: Wege in eine GEMEINWOHL GESELLSCHAFT

Netzwerke

„Wie nach einem warmen Sommerregen im Wald plötzlich überall und dann unübersehbar viele kleine Pilzköpfe aus dem Boden ragen, entstehen auf der ganzen Welt neue autonome Initiativen in vielfältigen Netzwerk-Verbindungen. Das Pilzmyzel, diese ‚unsichtbare Verbindung‘ das ‚Diaphane ist die Konkretion des Geistigen‘, das ‚Zusammenwachsen des Geistigen mit dem Bewusstsein‘, und so leben Autonomie und Vielfalt, und finden immer wieder neuen schöpferischen Ausdruck in den Menschen. Sie alle bauen an der Neuen Erde in ‚Freiheit Gleichheit und Brüderlichkeit‘ und wenn sie nicht plötzlich und unerwartet gestorben sind, leben sie noch heute.“[12]

Technische Entsprechung

Die technischen Entsprechungen dieser Netzwerk-Verbindungen sind bekannt durch die Verbreitung der Mobilfunknetze und die kommerziellen Möglichkeiten der Internet-Technologie seit dem Beginn des 21. Jahrhunderts, sowie der ihr nachfolgenden Blockchain-Technologie (engl. *blockchain* ‚Blockkette‘). Kulturinseln – Zukunftskraft durch Verantwortungsgemeinschaften [13]

Die 20er Jahre des 21. Jahrhunderts sind unter anderem durch das Ende tradierter gesellschaftlicher Strukturen geprägt. Eine rund 400 Jahre dauernde Entwicklungsphase des Aufbaus von Gemeinschaftsstrukturen geht zu Ende und mit ihr verwandeln sich ihre Licht- und Schattenseiten. Dazu gehören einerseits die bequemen System- und Sicherheitsstrukturen in den Bereichen Bildung,

Gesundheit und Soziales sowie das Zusammenleben in sozialen Beziehungen.

Andererseits bedeutet diese Veränderung aber auch das Ende des kollektiven Anpassungsdrucks für viele Menschen und somit der ungesunden Entfremdung vom eigenen Wesen und individuellen Lebensweg.

Erste Anzeichen für diese Veränderungsprozesse wurden bereits Ende der 60er Jahre des 20. Jahrhunderts sichtbar. Die bis dahin traditionell gegebenen Familienstrukturen wurden seither mehr und mehr in Frage gestellt. Das Partnerschaftsmodell einer lebenslangen Ehe mit Kindern ist in Zukunft nur noch eines von vielen.

Liebe dich selbst, dann können die anderen dich gernhaben

So hat der Mensch heute die Freiheit, zwischen der Anpassung an sich weiter verstärkende zentralwirtschaftlich-technische Machtstrukturen und seiner Selbstbewusstheit zu wählen, mit der er seinen spirituellen Weg individuell geht.

Diese individuelle Entwicklung ist zuerst einmal antisozial. Erst danach, ohne einen kollektiven Anpassungsdruck, aus einer individuellen Freiheit heraus und auf eigenen Wunsch und Willen hin bauen diese spirituellen Einzelnen an einem gänzlich neuen sozialen Miteinander. Diese Besonderheit der Gleichzeitigkeit individueller wie auch gemeinschaftlich-sozialer Prozesse bedarf eines neuen Umgangs mit sich und anderen. Hier entstehen Inseln des Miteinanders mit einer ganz eigenen Kultur.

Es ist eine Neugeburt! Die menschheitliche Entwicklungsphase der Renaissance (franz. *naissance* ‚Geburt‘, *renaissance* ‚Wiedergeburt‘) und das Zeitalter der Aufklärung sind zu Ende.

Neugeburt

Verantwortungsgemeinschaften arbeiten mit den Folgen ihres Tuns, nicht mit ihren Ursachen. Ihre Verbindung ist die Verantwortung, die jeder für die Zukunft auf sich nimmt.

Diese Wahlverwandtschaften sind auf Zeiträume angelegt; sie sind nicht in erster Linie durch ihre karmische Vergangenheit geprägt. Es entstehen neue karmische Gemeinschaften aus freier Wahl. Das Karma fängt hier erst an, sich auf die Zukunft auszuwirken.

Verantwortungsgemeinschaften leben durch ihre gegenseitige Treue. Durch sie sind die Einzelnen geschützt und niemals allein.

Getragen sind diese Gemeinschaften durch gegenseitige Verpflichtungen: Sie werden aus einem freien Entschluss gefasst.

Geduld

Im sozialen Handeln heterarchischer Gemeinschaften erlernen wir das Miteinander auf Augenhöhe neu. Seit vielen Generationen kennen die meisten Menschen auf der Welt nur das Gegenteil: eine Ordnung von Hierarchien auf Basis von Befehl und Gehorsamkeit. Für sie ist dies echte Pionierarbeit. Einzelne Gruppen auf der ganzen Welt gehen diesen Weg bereits seit Jahrzehnten. Nun werden es mehr und immer mehr. In der Praxis zeigt sich, dass Geduld mit sich und anderen so manche Frustration und auch Streit vermeiden hilft.

Soziale Fähigkeiten

Als soziale Fähigkeit bedarf es eines ungeheuer feinen Netzes der gegenseitigen Wahrnehmung. Eine sozial fähige Gruppe wird so imstande sein, gemeinsame Erfolge zu erringen, die jedem seine Freiheit gewähren, ohne diese Freiheit wieder für den anderen zum Zwang werden zu lassen.

In diesem Zusammenhang tauchen ganz neue Begriffe auf, zum Beispiel der Begriff „moralische Technik". Diese beschreibt die Fähigkeit, in der Entwicklung einer Gruppe situativ zu handeln, ohne die Freiheit eines anderen zu beschneiden.Soziales Handeln

Als **moralische Phantasie** bezeichnen wir die Gedanken, die das Heutige in ein Zukünftiges verwandeln. Sie wandeln das Objekt, mit dem man arbeitet, gemäß seinem eigenen Wesen – so wird es nicht vergewaltigt und unter seelische Gewalt gezwungen. Die moralische Phantasie beinhaltet hingegen nicht die Gedanken an die Vergangenheit.

Die **moralische Technik** beschreibt die Fähigkeit, mit der die moralische Phantasie zur Wirklichkeit wird. Im sozialen Handeln beeinträchtigt sie nicht die Freiheit des anderen.

Inklusives Denken

Die moralische Technik setzt die Fähigkeit des inklusiven Denkens voraus. Hier sind wir gedanklich auch im Objekt und denken auch vom Objekt aus zu uns.

Im Vergleich hierzu denken wir im exklusiven Denken nur von uns aus zum Objekt.

Führung in Verantwortungsgemeinschaften

Grundsätzlich unterscheiden wir hier drei verschiedene Arten von Führern:

- **Charismatisches Führertum**: Diese Führer sind mit einer Art Aura, einer Lichtnatur, umgeben. Wir finden sie in der Regel bei primären und sekundären Führungspersönlichkeiten.

- **Bürokratisches Führertum**: Als bürokratische Führer werden kompetente Fachleute bezeichnet. Ihre Führungseigenarten sind zu 95% verschieden von denen anderer.

- **Agogisches Führertum** (wie päd-**agogisch**): Es ist gebunden an die Funktion in der jeweiligen Situation. Die Leitungsrolle in reifen Gruppen ist eine freie Funktion und nicht nur an einen Menschen gebunden.

Es gibt eine Rollenbeweglichkeit, ein frei herumwanderndes Führertum, indem sich die Gruppenmitglieder in der Führung situativ abwechseln. Maßgeblich ist dabei die jeweilig beste Eignung eines Prozessteilnehmers in seiner Fach- und Sozialkompetenz als situativer Leiter.

Hierbei geht es jeweils darum, die anderen Mitglieder darin zu fördern, ihren eigenen Lösungsweg zu finden. Das folgende Sprichwort mag dies verdeutlichen:

„Gib einem Mann einen Fisch und du ernährst ihn für einen Tag. Lehre einen Mann zu fischen und du ernährst ihn für sein Leben." Konfuzius

Arbeitsgruppen

Eine weitere Erfahrung zeigt, dass es in Arbeitsgruppen mit mehr als fünf Mitgliedern leicht zu Missverständnissen kommen kann. Ab sechs Mitgliedern beginnt meistens ein unbewusster Gruppenprozess, in dem ein Mitglied versuchen muss, die Gruppe zu führen. In hierarchischen Gesellschaften ist das die Regel. In Gemeinschaften mit gleichberechtigt nebeneinander agierenden Mitgliedern führt dies allerdings fast unweigerlich zu Auseinandersetzungen.

Bewährt hat sich ab der sechsten Person die Teilung der Gruppe in zwei Untergruppen (zwei mal drei). Meistens bildet sich innerhalb der Gruppen jeweils eine Person aus ihrer fachlichen oder sozialen Disposition heraus. Sie übernimmt die Kommunikation und Vernetzung mit anderen Fünfer-Kleingruppen. Mit diesen „sechs Ecken" entsteht eine extrem stabile Wabenstruktur. Natürlich werden auch andere Mitglieder diese Kommunikation des Füreinander pflegen.

Schulungen, Vorträge und Präsentationen können natürlich vor weit mehr Menschen gleichzeitig gehalten werden.

Gruppenbildung

Um mit einer Gruppe ein gemeinsames Ziel zu erreichen, sind vier aufeinanderfolgende Schritte angezeigt:

1. Gruppenbildung

    a. Alle Mitglieder in der Gruppe wollen mitmachen!

    b. Ist die Gruppe fähig, das gemeinsame Problem zu lösen (Sachkenntnis), oder muss noch jemand dazu kommen?

    c. Sind alle Mitglieder nötig, um das Problem zu lösen (Anzahl)?

2. Bildgestaltung/Objektwelt/Bedeutungswelt

    a. Mitwissen: Dieser Phase sollte die meiste Aufmerksamkeit – auch zeitlich – gewidmet werden! Es ist die gemeinsame Beschreibung eines inneren raum- und zeitfreien Bildes, der Vision (siehe oben *Schritt für Schritt in eine gesunde Gemeinschaft*).

3. Entscheidend für das Miteinander ist die Bedeutungswelt; sie wird subjektiv von jedem anders erlebt. Die Objektwelt hingegen ist klar definierbar. So misst unter Umständen jedes Individuum einem Objekt eine andere Bedeutung zu. Urteilsbildung (Grenzen/Kriterien)

4. Mitreden
   Problemlösung/Beschluss

   a. Mitentschließen durch ehrliche Beschlüsse

   b. Mitverantwortung

   c. Wer führt aus?

   d. Wer kontrolliert? (Kontrollpunkte/Termine)

Lebensstufen von Menschen und von Gemeinschaften

„Nichts ist so beständig wie der Wandel." Heraklit

Weltentwicklung, menschheitliche und kulturelle Entwicklung unterliegen einem stetigen Veränderungsprozess, ebenso wie die Entwicklungen von gesellschaftlichen Institutionen oder Gruppen und von einzelnen Menschen als auch die jahreszeitlichen Abläufe.

Die Kunst ist es nun, einerseits die unterschiedlichen Entwicklungsphasen im Leben der einzelnen Menschen zu berücksichtigen, und andererseits auch die Entwicklungsphasen der Gruppe selbst.

Die persönlichen Entwicklungsstufen lassen sich sehr gut in den menschlichen 7-Jahres-Entwicklungsphasen beobachten. Dabei bilden sich in der Regel zwei Wege in die Wirklichkeit heraus:

- der Weg über das Denken und

- der Weg über das Wollen.

Der Weg der Mitte geht über die Seelenerkenntnis; der Mensch entwickelt sich durch das Künstlerische, durch den schöpferischen Ausdruck.

Die Entwicklungsphasen von Gruppen, Institutionen oder Unternehmen lassen sich gliedern in [14]

1. die Pionierphase (Empfindungsseele – hier liegt die Entfaltungsmöglichkeit sehr stark in der persönlichen Initiative)

2. die Organisationsphase (Verstandesseele – hier geht es um die beschreibende und festlegende Ausdifferenzierung der Arbeitsprozesse und Tätigkeitsbereiche; sie wird bereits erforderlich, wenn die Anzahl der Gruppenmitglieder zunimmt)

3. die Integrationsphase (Bewusstseinsseele – es ist der Versuch der Mitte; sie liegt sehr stark im Erleben, ist real aber nicht tastbar oder strukturiert wie die vorangegangene Organisationsphase) und

4. die Assoziationsphase – sie ist geprägt durch die Verbindung einer Organisation mit anderen Organisationen, Gruppen, Gemeinschaften, Menschen, mit der Gesellschaft, der Natur und der Umwelt; es ist die Phase, in der der eigentliche Sinn der Organisation auf einer höheren Ebene verwirklicht wird.

Beständiger Wandel

Wir nutzen unsere Erfahrungen auf dem Gebiet der Gemeinschaftsbildung und lernen aus ihnen. Dennoch sind wir uns dessen bewusst, dass wir weiteren relativ schnellen und permanenten gesellschaftlichen Veränderungen unterliegen. Das bedeutet, dass Neuland nicht *ein*mal geschaffen wird und dann für längere Zeit so bleiben kann, sondern dass wir wachsam gegenüber neuen Strömungen oder auch Verharrungstendenzen bleiben, um entsprechend darauf reagieren zu können.

Council – wertschätzende Kommunikation und Ausdruck einer Haltung [15]

Sollte es nun doch wieder einmal zu Meinungsverschiedenheiten kommen, bietet sich die Aussprache mithilfe eines neutralen Moderators im Council an. Solche Zusammenkünfte machen ein Schiedsverfahren oder eine gerichtliche Auseinandersetzung überflüssig.

Teilnehmende sitzen im Kreis um eine Mitte und verwenden einen Redegegenstand, der anzeigt, wer spricht.

In der Praxis haben sich folgende Leitlinien bewährt. Dies sind keine Regeln, sondern Richtlinien, auf die man sich vor dem Beginn des Council gemeinsam verständigt hat.

- Bleibe präsent.

- Sprich vom Herzen her.

- Höre vom Herzen her zu.

- Sei spontan.

- Sprich wesentlich.

- Sprich aus, was sowohl dir als auch dem Kreis und dem großen Ganzen dient.

- Erzähle von dir, nicht über etwas oder jemanden.

- Vertraulichkeit: Was im Kreis gesagt wird, bleibt im Kreis.

Ein Council hat durch seinen klaren Anfang und sein klares Ende sowie durch seine Richtlinien einen zeremoniellen Charakter. Seine archaische Form, die kollektiv unbewusst in uns angelegt ist, lässt sich leicht erinnern. Anstelle von Leitern oder Leiterinnen fungieren Moderatoren (lat. *moderare* ‚mäßigen‘, ‚in Schranken halten‘, ‚regeln‘). Sie werden teilweise auch als „Facilitatoren" bezeichnet, was vom Lateinischen *facilitare* (‚es leicht machen‘) abgeleitet wird.

Hiermit möchten wir auch deutlich machen, dass nur der gegenseitige Respekt für die Autonomie und die Einzigartigkeit auch des jeweils anderen und die Achtung unserer Vielfalt einen gesellschaftlichen Organismus gesund erhalten. Aus einer bewussten MITTE heraus entstehen Vielfalt, Freiheit, Sicherheit, Frieden, Gleichheit vor dem Gesetz und Wohlstand.

Es gelingt nur gemeinsam!

Weitergehende Informationen zur Sozialen Dreigliederung

findet ihr in Form von Weiterleitungen (Links) zu Begriffsdefinitionen, Büchern, Videos, Ausbildungen, Seminaren, Kontakten, Instituten, Dreigliederungs-Initiativen, Arbeitsgruppen und vielem mehr unter

www.SozialeDreigliederung.info

und

in diesem Büchlein in nur einer Stunde Lesezeit!

Die GEMEINWOHL GESELLSCHAFT
Freiheit Gleichheit Brüderlichkeit

Matthias J. Augsburg
Verlag Eichbaum

Geht das überhaupt alles gleichzeitig …

… sowohl ein schlanker Staat als auch Schutz und Sicherheit als auch die Gleichheit aller Menschen vor dem Gesetz als auch die Freiheit in der Bildung, im Gesundheitswesen, in Forschung & Entwicklung, in Kunst & Kultur und in der Religionsausübung als auch ein brüderliches Wirtschaftsleben, ein freier Markt in Einigkeit und mit einem eigenen Geld ohne Zinseszins?

Gibt es sowohl Freiheit als auch Sicherheit als auch finanzielle Absicherung als auch Demokratie & Mitbestimmung als auch Gleichheit und Brüderlichkeit als auch Raum für Kreativität und Wohlstand in einer Gesellschaftsform für alle Menschen die in ihr leben?

Ja, dies alles gibt es. Allerdings nur in der Verbindung als Gesamtpaket, sonst bleibt es weiterhin nur ein Privileg für Einzelne.

Buchbestellung: https://www.eichbaum-institut.de/gemeinwohl-gesellschaft/

Weitere Veröffentlichung des Autors:

https://www.eichbaum-institut.de/

Die Natur und immer mehr Menschen geraten in einen Strudel, der alles Leben vernichtet. Achim gelangt auf abenteuerliche Weise in das Land des Krebses. Gemeinsam mit seinem neuen Freund macht er sich auf, um ihre von der zerstörerischen Kraft bedrohte Welt zu retten.

Auf ihrer Reise durch die Weiten der Geistigen Welt erleben die Freunde die Stadien und Strukturen des Bewusstseins. Sie führt durch das Licht und die Tiefen der Dunkelkräfte. Im Kampf bewährt sich Achim. Seine neue Waffe öffnet den Weg in die Zukunft – für alle Menschen auf der Erde.

In der Gesellschaft eines dreigegliederten gesellschaftlichen Organismus leben sie fortan in Freiheit, Gleichheit und Brüderlichkeit.

Dem Autor gelingt es in dieser klassischen Heldenreise auf anschaulich erfahrbare Weise, die heute vielfach paradox erscheinende Weltwirklichkeit geistig lebendig werden zu lassen. Eine Reise des Bewusstseins durch Raum und Nicht-Raum, durch Zeit und Nicht-Zeit, durch Perspektive und Nicht-Perspektive. Einfach integral!

Quellenverzeichnis

____

[1] Steiner, Rudolf: Soziale Zukunft. GA 332a

[2] https://anthrowiki.at/Sozialwissenschaft

[3] Sozialwissenschaften

https://de.wikipedia.org/wiki/Sozialwissenschaften

[4] integral https://www.duden.de/rechtschreibung/integral

[5] Hesse, Hermann: Stufen

[6] Gemeinschaftsgründung

https://www.youtube.com/watch?v=TAAA0Yy8mJg

[7] Todesursachen Nr. 1 und Nr. 2

https://www.destatis.de/DE/Themen/Gesellschaft-

Umwelt/Gesundheit/Todesursachen/_inhalt.html

[8] https://www.big-direkt.de/de/gesund-leben/erkrankungen/8-

psychische-erkrankungen-wenn-die-seele-leidet

[9] monneta.org – Prof. Margit Kennedy

https://monneta.org/media/neues-zinsfreies-geld-schaffen/

Im derzeitigen Schuldgeldsystem sind durchschnittlich 50 % aller

Verbraucherpreise Zinskosten

- ca. 30 % bei Trinkwasser

- ca. 70–80 % bei Mieten

[10] Verantwortungseigentum

https://anthrowiki.at/Verantwortungseigentum

[11] Milizarmee https://de.wikipedia.org/wiki/Miliz_(Volksheer)

[12] Augsburg, Matthias J.: Die Gemeinwohl Gesellschaft Freiheit Gleichheit Brüderlichkeit, S. 10

[13] Lievegoed, Bernhard C. J.: Soziale Gestaltung in der Heilpädagogik. Verlag W. Garvelmann

Siehe auch: Steiner, Rudolf: Die Philosophie der Freiheit. Grundzüge einer modernen Weltanschauung – seelische Beobachtungsresultate nach naturwissenschaftlicher Methode. Rudolf Steiner https://anthrowiki.at/GA_4

[14] Glasl/Lievegoed: Dynamische Unternehmensentwicklung. Grundlagen für nachhaltiges Change Management. Verlag Freies Geistesleben. Verlag Urachhaus

[15] Council: https://eschwege-institut.de/wir-ueber-uns/was-wir-tun/themen/the-way-of-council/